Liebe bleibt für immer

Liebe ist …

Liebe ist mehr als nur ein Wort.
Liebe ist oft *wunderbar,*
manchmal schmerzhaft, aber auch so schön.
Liebe ist *Vertrauen,* Liebe ist Teilen.
Liebe ist Nähe trotz Trennung.
Liebe geht über den Tod hinaus.
Liebe ist sanft und *stark* zugleich.
Sie hört niemals auf
in *deinem Herzen* zu schlagen.

Liebe ist alt und immer *wieder neu.*

Liebe kennt keine Grenzen

und keine bestimmte Form.

Liebe *ist überall.*

Liebe ist wandelbar.

Liebe ist *noch so viel* mehr ...

Nur eines ist die Liebe nicht – endlich.

Was immer geschieht,
wohin wir auch gehen,
die Liebe bleibt.

Ich bin bei dir,
sagt die Liebe,
bei Tag und bei Nacht.

Für immer.

Ich bin *die Sonne* über dem Meer.
Mein Licht spiegelt sich *glitzernd* auf der Oberfläche
und grüßt deine suchenden Augen,
meine Wärme umspült dich,
wenn du am Strand spazieren gehst.
Ich scheine *voller Hoffnung* und Zuversicht
jeden Tag aufs Neue – *für dich.*

Ich bin die Gischt.
Die sich in deine Tränen mischt
und deinen Kummer mit sich trägt.
Ich bin die Muschel,
die du sanft an dein Ohr hältst
und die *dir tausend Melodien* singt.
Von allem, was gewesen,
und von allem, was noch sein wird.

Ich bin der Regen,
der zärtlich an *dein Fenster* klopft,
um dir guten Tag zu sagen und
dir eine gute Nacht zu wünschen.
Schließe deine Augen und
lausche meiner Erzählung.

Ich bin der Wind.
Ich wehe um Dächer, Türme
und Berge. *Ich wehe und lache.*
Ich lache dir ins Gesicht
und streichle deine Haare.

Ich bin die Stille.

Der du lauschst,
wenn du *zur Ruhe kommst.*

Ich bin die Frühlingsbrise,
sagt die Liebe. Ich küsse deine Nasenspitze
und kündige dir eine *neue Zeit* an.
Ich bin der Same,
der aufgeht, um zu blühen.
Wieder und wieder.

Ich bin alles,

was dich zum Lächeln bringt.
Eine plötzliche Erinnerung,
ein Lieblingslied, ein Kinderlachen,
ein Regenbogen, ein kleiner Schmetterling,
ein Dankeschön ...

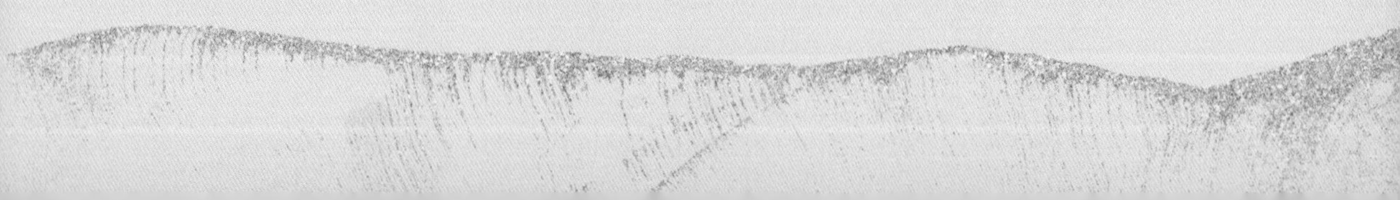

Ich bin der Berg.
Unverrückbar. Hoch über allem thronend.
Auf meinem Rücken blickst du in die Weite
und ahnst die *Unendlichkeit.*

Ich bin nicht perfekt, aber echt,
sagt die Liebe. Ich bin, wie ich bin.
Wild, frei, bunt, schmerzhaft,
wunderschön und unermesslich.
Ich bin flüchtig wie eine Wolke
und trotzdem immer da.

Ich bin der Nebel,
der sich langsam für dich lichtet,
um mit dem ersten Morgenlicht
die Hoffnung freizugeben.
Ich lenke deinen Blick auf das Wesentliche.
Rückwärts gelesen bin ich *das Leben*.
Du gehst durch mich hindurch.

Ich bin der ewige Kreis,
sagt die Liebe, der keinen Anfang
und kein Ende kennt.
In meiner Mitte stehst du.
Umschlossen und geliebt.

Ich schenke dir Flügel,

sagt die Liebe,
um über alle Grenzen
hinwegzufliegen.

In deiner *Erinnerung*
kehre ich sooft zurück,
wie du möchtest.

Ich bin die Träne
der Trauer, sagt die Liebe,
hinter der sich zaghaft das *Lächeln*
der Erinnerung verbirgt.
Ich streichle deine Wangen und
nehme etwas von deinem Kummer
mit mir.

Ich bin
bei dir
Tag und
Nacht,

sagt die Liebe,
ich lasse dich nicht allein.

Ich leuchte noch, sagt die Liebe,
wenn die Sonne des Lebens
untergegangen ist.

Ich bin die Brücke,

sagt die Liebe,

die dich sicher trägt.

Vertraue auf meine Stärke.

Ich gehe nirgendwo hin,
sagt die Liebe, ohne Spuren
zu hinterlassen.
Sie werden dir für immer bleiben.
Ich bin wie das Sandkorn,
das dir irgendwann
zur Perle wird.

Wohin ich auch gehe,
sagt die Liebe,
ich werde dich tief in meinem Herzen
mitnehmen.

Ich begleite dich durchs Leben.
Ich wandere mit dir durch sanfte Ebenen,
über felsige Hindernisse, durch dunkle Tunnel
hin zu sonnigen Aussichten.
Ich verschwinde nicht,
ich gehe manchmal nur voraus.
Lass meine Hand ruhig los –
und *folge mit deinem Herz.*

Ich bin die Erinnerung,
tröstet die Liebe.
Ich leuchte *sternengleich*
in das Dunkel deiner Trauer.

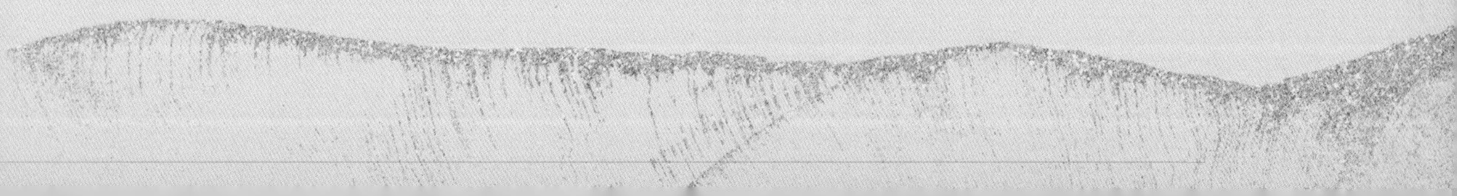

Ich bin immer da.

So wie der Mond und die Sterne
bin ich manchmal nicht zu sehen,

Ich bin immer da.

So wie der Mond und die Sterne
bin ich manchmal nicht zu sehen,

aber ich bin immer da.

Für dich.

Wir von GROH wollen die Welt ein bisschen verschönern – mit liebevollen Geschenken, die glücklich machen.

GROH.DE

@die_geschenkverlage

Text: Tina Herold

Bildnachweis: Cover: Creative Market. Schmuckvignetten, S. 2/3, 4/5, 14/15, 28/29, 32/33, 40/41, 46/47: Creative Market; S. 7: Adria Photography/Moment/Getty Images; S. 8, 19, 43: oxygen/Moment/Getty Images; S. 11, 12: Shutterstock.com; S. 16: Getty Images/Jasmina007; S. 20: Getty Images/Chan Srithaweeporn; S. 23: Dneutral Han/Getty Images; S. 25: Getty Images/foment; S. 26: Getty Images/susannah v. vergau / photos4dreams; S. 30: Getty Images/Kami (Kuo, Jia-Wei); S. 35: Getty Images/Reilly Wardrope; S. 37: Getty Images/ Sven Hagolani; S. 38: Getty Images/Artem Verkhoglyad; S. 45: Getty Images/Julie Thurston.

Cover: Vanessa Urban

Layout: Christine Bussemas Ampersand loves

Satz: Peter Ball, Media Diversified GmbH

Gesamtherstellung: AZ Druck und Datentechnik GmbH, Kempten

Aus Verantwortung für die Umwelt hat sich die Verlagsgruppe Droemer Knaur zu einer nachhaltigen Buchproduktion verpflichtet. Der bewusste Umgang mit unseren Ressourcen, der Schutz unseres Klimas und der Natur gehören zu unseren obersten Unternehmenszielen.

Gemeinsam mit unseren Partnern und Lieferanten setzen wir uns für eine klimaneutrale Buchproduktion ein, die den Erwerb von Klimazertifikaten zur Kompensation des CO_2-Ausstoßes einschließt.

Weitere Informationen finden Sie unter:
www.klimaneutralerverlag.de

Liebe bleibt für immer
GTIN 978-3-8485-0212-7

www.geschenkverlage.de

MIX
Papier | Fördert gute Waldnutzung
FSC® C008457
FSC www.fsc.org

1 2 3 4 5